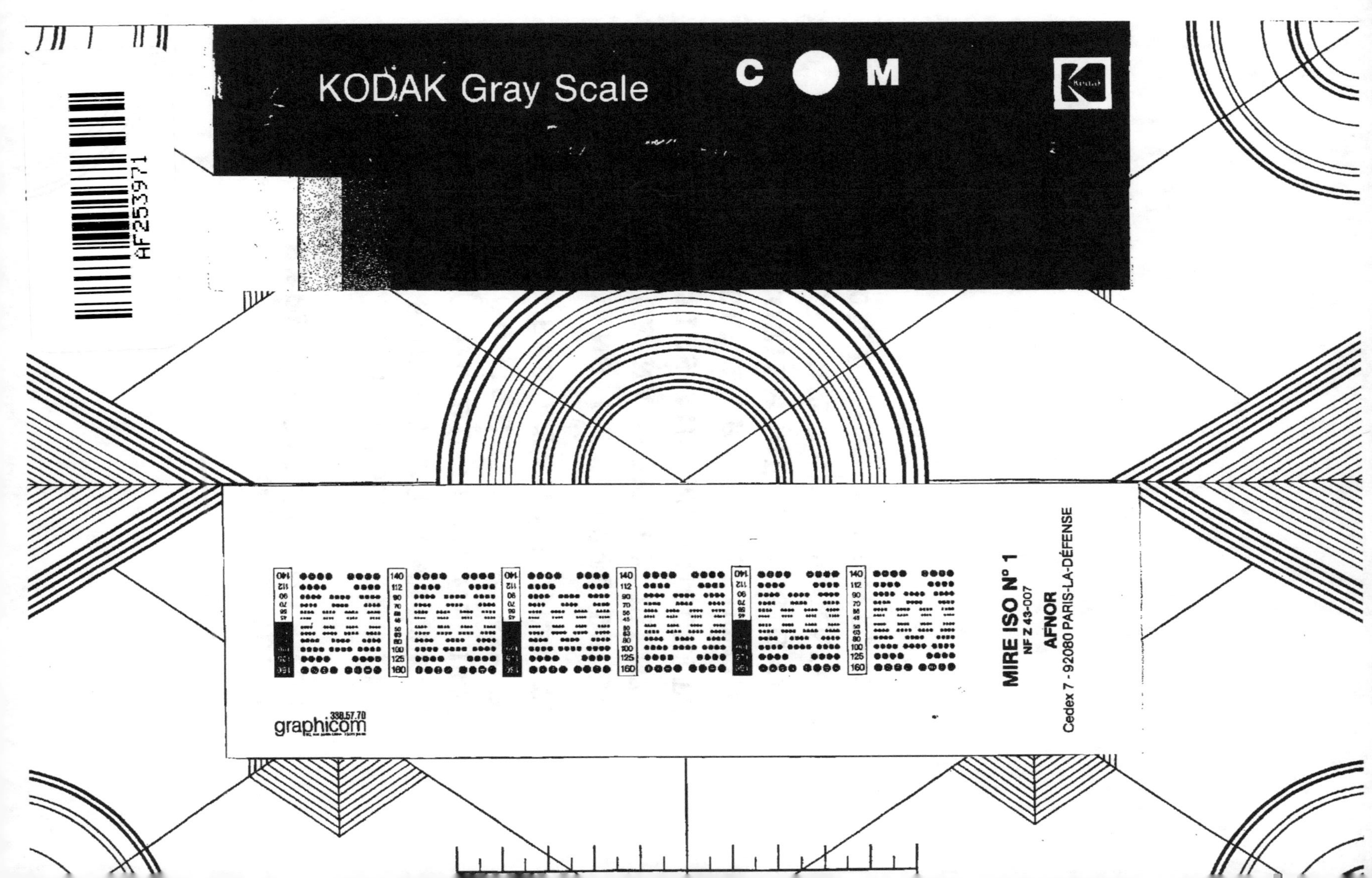

KODAK Gray Scale
C O M
AF253971
graphicom
MIRE ISO N° 1
NF Z 43-007
AFNOR
Cedex 7 - 92080 PARIS-LA-DÉFENSE

T. PARIS
E SANS AUTORISATION.

'ES PAR LA LÉGISLA·
TTÉRAIRE ET ARTISTI·
NE PEUVENT ÊTRE
ISATION DE L'AUTEUR

RECHERCHE LA BIBLIO·
N FICHIER DES TRAVAUX
QU'ELLE CONSERVE.
TEURS DU PRÉSENT
R LES ÉTUDES
ET PUBLIERAIENT A

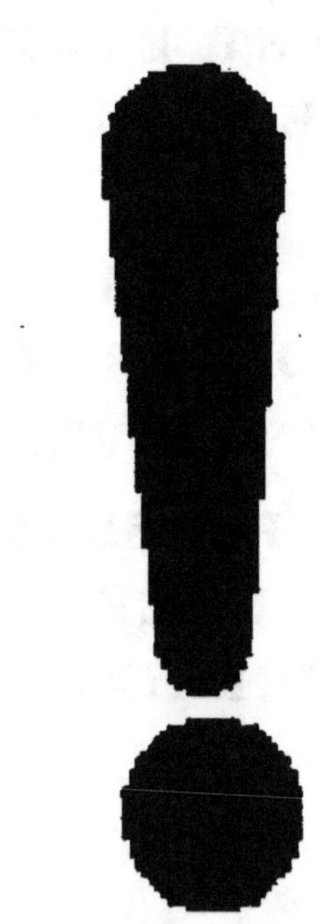

NT A ÉTÉ

R 115106

Cde : 22293   Volts : 70   : 8

Date : 15.01.98   EF

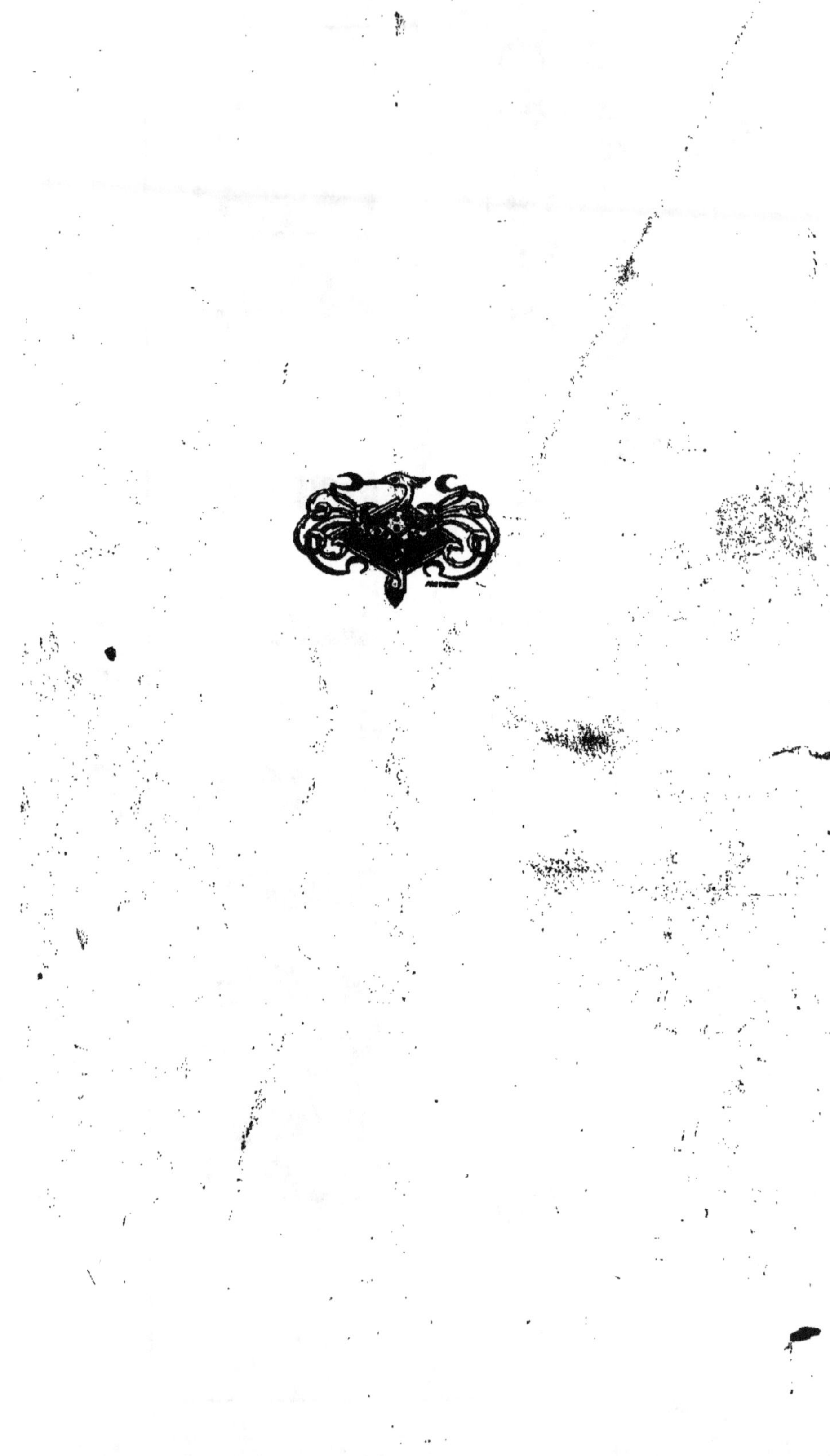

L'ÉGLISE

DE

CORMEILLES-EN-VEXIN

(SEINE-ET-OISE)

PAR

Eugène LEFÈVRE-PONTALIS

DIRECTEUR DE LA SOCIÉTÉ FRANÇAISE D'ARCHÉOLOGIE

PROFESSEUR A L'ÉCOLE DES CHARTES

MEMBRE DE LA COMMISSION DES MONUMENTS HISTORIQUES

CAEN

HENRI DELESQUES, IMPRIMEUR-ÉDITEUR

34, RUE DEMOLOMBE, 34

—

1912

DU MÊME AUTEUR :

Études sur la date de l'église de Saint-Germer, dans la *Bibliothèque de l'École des Chartes,* t. XLVI, 1885, et le *Bulletin Monumental,* t. LII, 1886.

Étude sur le chœur de l'église Saint-Martin-des-Champs à Paris, dans la *Bibliothèque de l'École des Chartes,* t. XLVII, 1886.

Monographies des églises d'Épone, d'Hardricourt, de Juziers, de Meulan, de Triel et de Gassicourt, dans le *Bulletin de la Commission des antiquités et des arts de Seine-et-Oise,* t. V, VI, VII et VIII, 1885 à 1888.

Étude historique et archéologique sur l'église de Paray-le-Monial, dans les *Mémoires de la Société éduenne.* 2ᵉ série, t. XIV, 1886.

Croix en pierre des XIᵉ et XIIᵉ siècles dans le nord de la France, dans la *Gazette archéologique,* 1885.

Étude sur les chapiteaux de l'église de Chivy (Aisne), dans la *Gazette archéologique,* 1887.

Notices archéologiques sur les églises de Santeuil et de Gonesse, dans les *Mémoires de la Société historique de Pontoise et du Vexin,* t. X et XI, 1886 et 1887.

Monographie de l'église de Villers-Saint-Paul (Oise), dans les *Mémoires de la Société académique de l'Oise,* t. XIII, 1886.

Notice archéologique sur l'église Saint-Gervais de Pontpoint (Oise), dans les *Mémoires du Comité archéologique de Senlis,* 1887.

Étude sur la date de la crypte de Saint-Médard de Soissons, dans le *Congrès archéologique de Soissons,* 1887.

Étude archéologique sur l'église de la Madeleine de Châteaudun, dans le *Bulletin de la Société dunoise,* t. V. 1888.

Monographie de l'église Saint-Maclou de Pontoise, 1888, in-4°, 188 p. et 11 pl., dans les publications de la *Société historique de Pontoise et du Vexin.*

Étude historique et archéologique sur la nef de la cathédrale du Mans, dans la *Revue historique et archéologique du Maine,* t. XXV, 1889.

L'architecture religieuse dans l'ancien diocèse de Soissons au XIᵉ et au XIIᵉ siècle, Paris, Plon, 1849-1896, 2 vol. in-fol., 237-228 p. et civ pl.

L'abbaye de Noirlac (Cher), dans le *Congrès archéologique de Bourges,* 1900.

Histoire de la cathédrale de Noyon, dans les *Mémoires du Comité historique et archéologique de Noyon,* t. XVII, 1901.

L'église de Chars (Seine-et-Oise), dans le *Bulletin Monumental* t. LXV, 1901.

L'ÉGLISE

DE

CORMEILLES-EN-VEXIN

(SEINE-ET-OISE)

PAR

Eugène LEFÈVRE-PONTALIS

DIRECTEUR DE LA SOCIÉTÉ FRANÇAISE D'ARCHÉOLOGIE

PROFESSEUR A L'ÉCOLE DES CHARTES

MEMBRE DE LA COMMISSION DES MONUMENTS HISTORIQUES

CAEN

HENRI DELESQUES, IMPRIMEUR-ÉDITEUR

34, RUE DEMOLOMBE, 34

1912

Extrait du Bulletin Monumental. — Année 1911.

L'ÉGLISE

DE

CORMEILLES-EN-VEXIN

(SEINE-ET-OISE)

La plus ancienne mention du lieu de *Cormilias, in pago Vuelchissino,* qu'il ne faut pas confondre avec Cormeilles-en-Parisis, se trouve dans un diplôme de Charles le Chauve, daté du 18 février 843, qui en fit don à Gailin, comte du palais (1). Celui-ci l'échangea contre une autre terre avec l'abbaye de Saint-Denis avant 862 (2), comme l'indique la confirmation par le même roi d'un partage de biens entre l'abbé et les religieux qui obtinrent, en 869, l'autorisation de tenir un marché franc à Cormeilles tous les mardis (3). C'est dans un accord conclu entre Jean, archevêque de Rouen, et Guillaume, abbé de Saint-Denis, qu'on rencontre la preuve de l'existence d'une église à Cormeilles en 1071, dont il ne reste plus aucune trace (4). Les revenus de l'autel furent alors cédés au monastère, comme ceux des églises de Sagy,

(1) J. Tardif : *Monuments historiques*, p. 95, pièce nº 141. Archives nationales, K. 10, nº 7.

(2) *Ibid.*, p. 116, pièce nº 186.

(3) Félibien : *Histoire de l'abbaye royale de Saint-Denys en France,* p. 93.

(4) *Ibid.*, p. 132.

de Boissy-l'Aillerie, de Montgéroult et d'Ableiges dans le
Vexin. L'abbé de Saint-Denis présentait à la cure (1).

L'église comprend une nef de cinq travées, deux collatéraux, un transept et un chœur à chevet plat flanqué de deux
bas-côtés. Cet édifice n'est pas du tout homogène, car il faut
distinguer cinq campagnes dans sa construction. A la pre-
mière, c'est-à-dire au commencement du XIIᵉ siècle, se rap-
portent la nef, les bas-côtés, la façade, le transept et l'étage
inférieur de la tour centrale. Au début du XIIIᵉ siècle, on
entreprit de voûter d'ogives le vaisseau central et ses collatéraux. La troisième campagne dut coïncider avec la construction du chœur, vers le milieu du règne de saint Louis. Au
XIVᵉ siècle, on renforça deux arcs de la croisée et on agran-
dit les fenêtres du transept. Enfin, un architecte du XVIᵉ
siècle refit les voûtes hautes, les arcs-boutants et les rem-
plages des grandes baies du chœur, mais l'étage supérieur
du clocher ne fut rebâti qu'en 1580.

La nef était recouverte à l'origine d'un plafond de bois,
comme les bas-côtés. Chacune de ses travées se compose
d'un arc en plein cintre dont les deux rangs de claveaux à
profil carré retombent sur des piles flanquées de deux courtes colonnes, comme à Arronville (Seine-et-Oise), à Berneuil-sur-Aisne, à Villers-Saint-Paul (Oise), et à Oulchy-
le-Château (Aisne). Une gorge creusée dans les angles des
supports, comme à Villers-Saint-Paul et à Saint-Martin
d'Étampes, se termine en pointe sous le tailloir qui contourne
la pile. Dans l'axe de chaque travée s'ouvrait une fenêtre en
plein cintre, aujourd'hui bouchée, mais dont l'archivolte est
visible sous les combles. La tribune qui s'élève dans la pre-
mière travée est une œuvre moderne.

Les chapiteaux romans, très grossiers, sont décorés de
grosses volutes d'angle d'où retombent deux palmettes ou

____

(1) Le cartulaire blanc de Saint-Denis renferme plusieurs pièces
sur Cormeilles-en-Vexin. Archives nationales, LL., 1157.

Église de Cormeilles-en-Vexin.
Chapiteaux de la nef.

E. Chauliat, del.

des tiges qui s'enroulent en spirale. Au milieu de la face principale se détache une tête humaine qui est souvent restée épannelée. On voit sur certaines corbeilles de larges dents de scie opposées par leurs pointes ou des feuilles qui ressemblent à des dents d'engrenage. Les tailloirs en

Chapiteau de la nef.

biseau présentent une décoration plus variée : les uns sont garnis de lignes brisées, de losanges en creux, de trois rangs de billettes ; les autres, de moulures qui manquent de relief : sur un chanfrein, des filets superposés se décrochent de manière à former sept petits angles droits. Les

bases toriques, dont les griffes ressemblent à des volutes,
sont très mutilées.

L'ornementation archaïque, mais souvent trompeuse, des
chapiteaux, fournit le seul élément de discussion sur la date

E. Chauliat, del.

Chapiteau de la nef.

de la nef, que j'attribue aux premières années du XIIe
siècle. Sans doute, on retrouve dans la nef de Morienval
certaines corbeilles du même style, mais j'ai remarqué
d'autres chapiteaux semblables dans le transept des églises

d'Ennery et du Bellay (Seine-et-Oise), dont aucune partie n'est antérieure au XIIe siècle. En outre, les gorges d'angle des piles et les moulures des tailloirs qui les contournent ne s'accordent pas avec les caractères de l'architecture du XIe siècle (1). La décoration des chanfreins peut se comparer à celle des tailloirs de la nef d'Arronville (Seine-et-Oise), de Villers-Saint-Paul, de Berneuïl-sur-Aisne (Oise) et du déambulatoire de Morienval. Elle soulève un problème intéressant, qui consiste à déterminer l'époque où les moulures apparaissent sur les tailloirs dans les églises du Nord de la France, sans doute sous l'influence de l'école normande, qui fit un usage précoce de la mouluration.

Ce qui est certain, c'est que le filet et le biseau des tailloirs des chapiteaux du XIe siècle, dans les nefs de Morienval et d'Oulchy-le-Château, sont lisses. A Chivy, près de Laon, les ornements gravés en creux sur les tailloirs ne doivent pas être confondus avec des moulures, mais à Berneuil-sur-Aisne (Oise), quelques baguettes se profilent au-dessus des chapiteaux, ce qui me porte à croire aujourd'hui que j'ai trop vieilli cette église. Les églises de Presles-en-Laonnois, de Courville et de Saint-Thierry (Marne) présentent aussi des exemples archaïques d'impostes moulurées, mais, comme les deux dernières ne sont pas des œuvres du XIe siècle, il faut en conclure que les architectes du bassin de l'Oise n'eurent pas l'idée de faire découper des tores et des cavets sur les tailloirs avant le XIIe siècle.

Au commencement du XIIIe siècle, on recouvrit la nef, après coup, de cinq voûtes d'ogives garnies d'une arête entre deux baguettes et séparées par des doubleaux en tiers-point, dont le profil se compose d'un filet entre deux tores. Une couronne de feuillages entoure les clefs de voûte percées

---

(1) Le style du XIe siècle est à peine représenté en Seine-et-Oise par la nef de l'église de Juziers et par les chapiteaux de l'ancien clocher de Deuil conservés au Musée de Cluny.

d'un trou. L'absence de formerets s'explique par la difficulté
de loger cinq colonnettes sur des corbeaux. L'architecte se
contenta donc de monter trois fûts en délit sur une console
à trois pans, au droit de chaque pilier, en la décorant de
feuillages et de masques humains. Les chapiteaux à crochets
sont posés obliquement sous la retombée des ogives : un
listel, une baguette et un cavet inférieur se détachent sur les
tailloirs et le tore des bases est à peine aplati.

La même opération fut faite dans les bas-côtés, mais on
profita de ce remaniement pour les élargir. Les trois premières voûtes d'ogives se distinguent par leur tore en

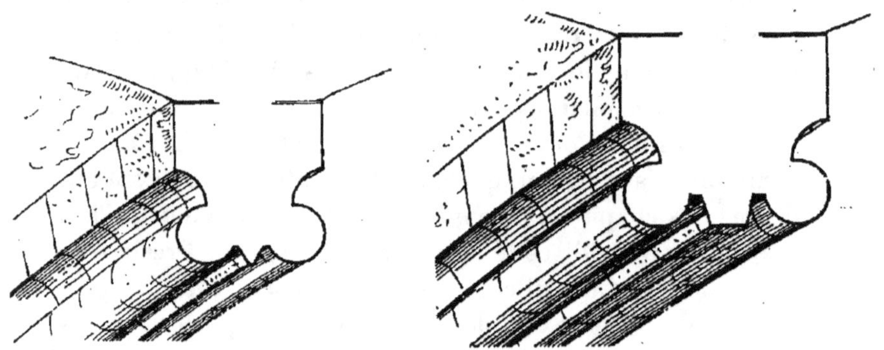

Ogives et doubleaux de la nef.

amande, par leurs petites clefs et par leurs doubleaux mou-
lurés d'une arête entre deux tores. Les voûtes de la qua-
trième et de la cinquième travée présentent les mêmes
profils que dans la nef. Trois colonnettes en délit plaquées
contre les murs extérieurs modernes et contre les piles de la
nef correspondent aux retombées des nervures et des doubleaux : leurs chapiteaux sont garnis de crochets.

Le carré du transept, voûté d'arêtes, était encadré au XIIe
siècle par des piles cruciformes flanquées de quatre grosses
colonnes, mais au XIVe siècle, à la suite d'un tassement, on
diminua l'ouverture des deux arcs de l'est et de l'ouest par

Église de Cormeilles-en-Vexin.

Travées et voûtes de la nef.

Église de Cormeilles-en-Vexin.

Retombées des voûtes de la nef.

deux arcades qui épousent leur courbe en plein cintre et qui retombent sur des piliers nus. La date de cette reprise en sous-œuvre a dû coïncider avec la peinture sur l'enduit de faux joints à deux traits rouges, de rosaces à cinq pétales et de fleurs de lis (1).

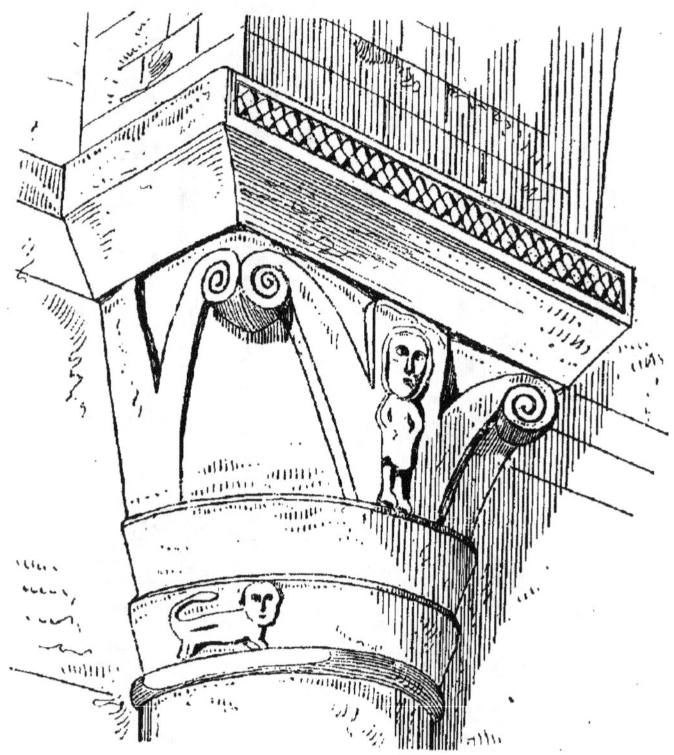

E. Chauliat, del.

Chapiteau du transept.

A l'entrée des croisillons, les arcs doublés en plein cintre qui précèdent une voûte en berceau s'appuient sur deux

(1) Le chœur de l'église de Morienval est décoré de faux joints du même genre, qui encadrent des feuilles de trèfle.

colonnes engagées dont les chapiteaux conservent leurs volutes, leurs feuilles plates et leur masque central. Du côté de l'est, des losanges, des lignes brisées ou ondulées sont gravés sur les tailloirs en biseau. Un arc moderne relie le bas-côté nord au transept, mais l'arc en tiers-point qui occupe le même emplacement dans le croisillon sud peut remonter au XIVe siècle, comme l'indiquent ses faux joints. Le transept communique avec les collatéraux du chœur par deux arcs du XVIe siècle qui retombent sur des piles à quatre cavets. Ce profil correspond à celui de l'archivolte qui retombe du côté sud sur quatre petites têtes. Au fond du croisillon nord s'ouvre une fenêtre en tiers-point du XIVe siècle, dont le meneau central porte deux trilobes pointus et un trèfle encadré dans un triangle curviligne. On remarque, au sud, une baie du même style, mais son remplage a été remanié.

L'abside romane en hémicycle, voûtée en cul-de-four, fut remplacée vers 1250 par un grand chevet carré qui limite le chœur et les bas-côtés. C'est un des plans caractéristiques du chevet des églises de l'école gothique de l'Ile-de-France, comme j'ai eu souvent l'occasion de le démontrer (1). Les trois voûtes d'ogives supérieures furent refaites au milieu du XVIe siècle ainsi que les formerets, comme l'indique le maigre profil de leurs nervures à baguette centrale et leurs clefs dont l'écu est bordé d'un rinceau ajouré.

Les grandes arcades en tiers-point du XIIIe siècle, flanquées de deux boudins, retombent sur de courtes colonnes à tambours et sur des chapiteaux à deux rangs de crochets. Les bases à tore aplati sont dépourvues de griffes et les

---

(1) Exemples : Montreuil-sous-Bois (Seine), Andrésy, Gaillon, Jouy-le-Moûtier, Louveciennes (Seine-et-Oise), Brie-Comte-Robert (Seine-et-Marne), Bury, Cambronne, Nogent-les-Vierges, Villers-Saint-Paul (Oise), cathédrale de Laon, Vaux-sous-Laon, Gisors, Bonneval, près de Château-dun, Puiseaux, Sermaises (Loiret). Le plan primitif du chevet à Triel (Seine-et-Oise) était du même type.

Église de Cormeilles-en-   xin.

tailloirs octogones, dont le profil ressemble à celui d'un lar-
mier, portent trois colonnettes qui montent jusqu'aux voûtes :
leurs chapiteaux à feuillages sont couronnés de tailloirs en
forme de bec.

Le triforium, recouvert de dalles qui sont soutenues par
un bandeau mouluré, se compose dans chacune des trois
travées de trois arcades en tiers-point qui encadrent deux
arcs tréflés aux lobes arrondis et un quatre-feuilles. Les piles
fortes sont formées d'une arête et de trois colonnettes accou-

Chapiteaux du triforium du chœur.

plées et les piles faibles d'un petit fût en délit. Les crochets
des chapiteaux se détachent sous de minces tailloirs, carrés,
hexagones ou à bec. Il est évident que ce triforium très
élancé est une réplique de la claire-voie de l'église abbatiale de Saint-Denis, œuvre de Pierre de Montereau. On
en rencontre beaucoup d'exemples en Champagne, par
exemple à la cathédrale de Troyes et dans le transept de

Saint-Quiriace de Provins, mais je puis en signaler trois autres à Saint-Séverin de Paris, à Gonesse et à Brie-Comte-Robert. Cette influence s'explique par le fait que la cure appartenait à l'abbaye de Saint-Denis (1).

Les fenêtres hautes du XVIe siècle occupent toute la largeur des travées. Leur archivolte en tiers-point, sans jambages, qui reproduit peut-être la disposition adoptée au XIIIe siècle, comme à Cambronne (Oise), encadre cinq arcs en plein cintre, trois ellipses entre deux mouchettes et un petit cercle. La grande verrière du chevet, en partie bouchée, renferme trois meneaux du XVIe siècle qui portent un remplage du XIIIe siècle formé de deux roses à cinq lobes et

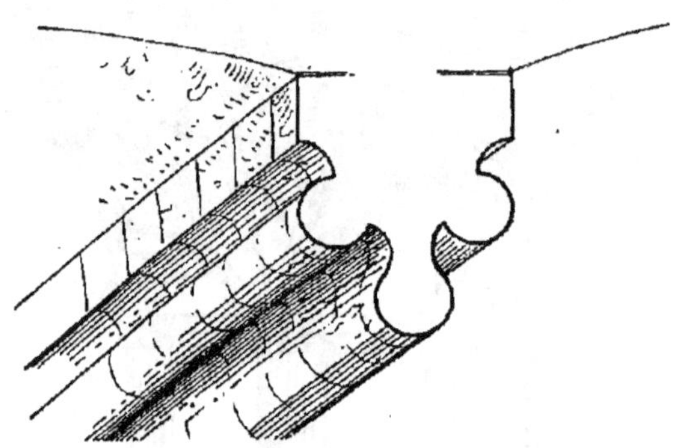

Ogives des bas-côtés du chœur.

d'une rose à six lobes entre deux écoinçons ajourés. L'archivolte en tiers-point de cette baie retombe sur des colonnettes. Au-dessus, une grande rose de la Renaissance, dont les douze rayons, reliés par des arcs en plein cintre, viennent buter sur des demi-cercles, est encastrée dans une large fenêtre sans piédroits : deux mouchettes opposées remplissent les trois angles.

(1) Les voûtes des chapelles rayonnantes de Saint-Maclou de Pontoise fournissent une autre preuve de l'influence de l'église abbatiale de Saint-Denis dans le Vexin.

Église de Cormeilles-en-Vexin.

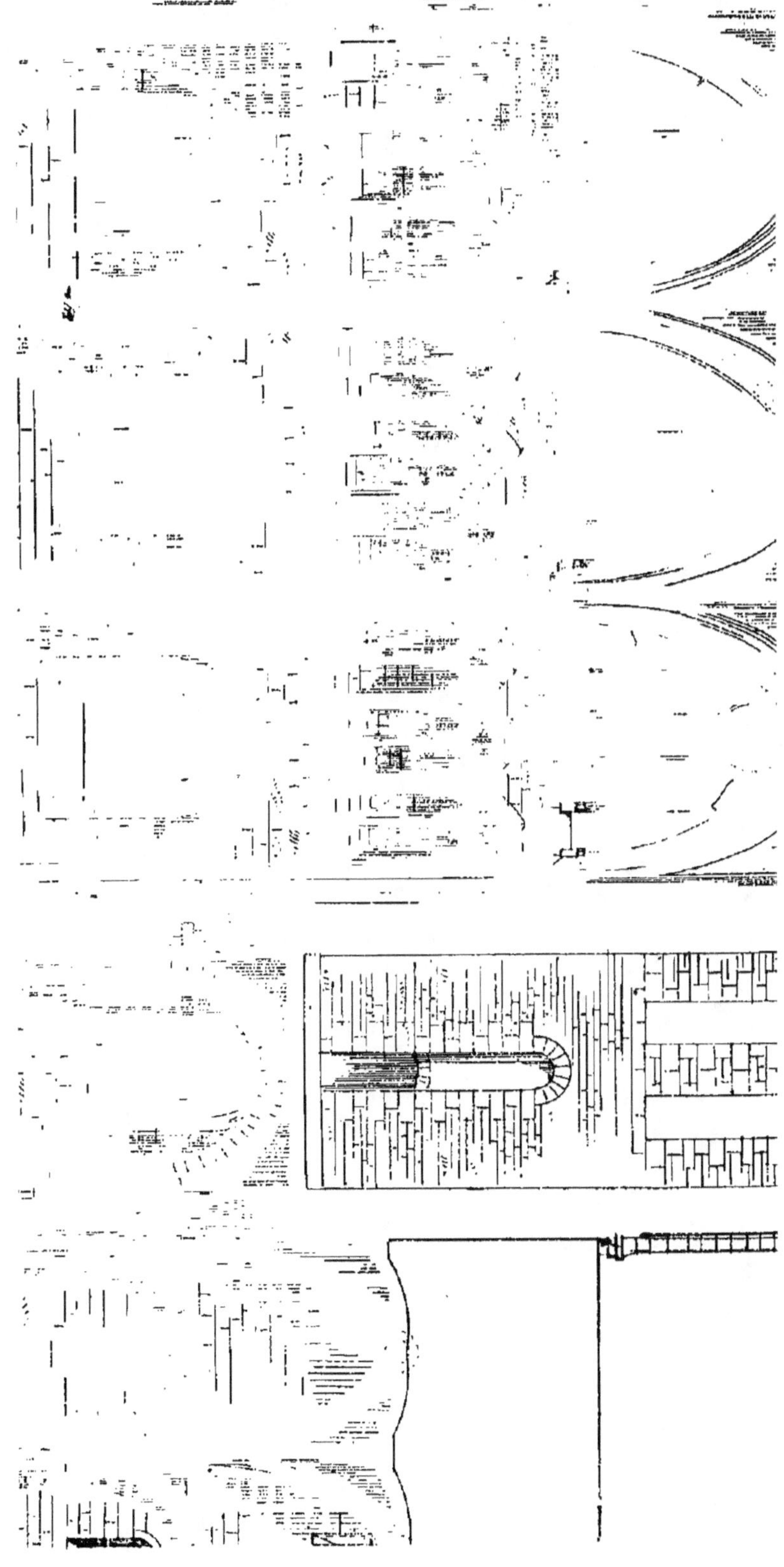

E. Lefèvre-Pontalis, phot.

Église de Cormeilles-en-Vexin.

Clocher central.

Les bas-côtés du chœur ont conservé leur caractère primitif. Un tore aminci se détache entre deux baguettes sur les nervures des voûtes d'ogives, et ce profil se répète sur les doubleaux en lancette. Les formerets toriques en tiers-point retombent, comme les autres arcs, sur trois colonnettes engagées dans les murs et sur des chapiteaux à crochets surmontés de tailloirs à bec. Le bas-côté nord est flanqué d'une sacristie moderne, mais dans son chevet plat et dans le bas-côté sud s'ouvrent de larges fenêtres brisées entre de courts jambages dépourvus de colonnettes.

Dans la façade, un porche moderne abrite un portail en plein cintre dont le tympan nu repose sur un linteau en bâtière. Un cordon de billettes et de larges damiers accompagne les claveaux plats et retombe sur deux têtes. La baie percée dans l'axe de la nef est moderne. Au-dessus, une corniche ornée de billettes et soutenue par des modillons passe sous le pignon.

En montant dans le clocher central, bâti sur le carré du transept, il est facile de constater que le premier étage, enfoui sous les combles, est une œuvre du commencement du XII⁰ siècle. Une baie en plein cintre s'ouvre au nord et au sud, mais à l'est, deux baies géminées, bouchées au XIII⁰ siècle et encore visibles dans le chœur, ajouraient la cage au-dessus du toit conique de l'abside romane. A l'ouest, une porte surmontée d'un linteau en bâtière et voisine d'un arc de décharge donne accès dans le comble de la nef. Au dehors, les témoins du clocher roman se composent de deux corniches en biseau, garnies de billettes et soutenues par des masques et des anciens contreforts d'angle peu saillants qui montent jusqu'au-dessus des baies supérieures. La date de 1580, répétée quatre fois (1), prouve que le second étage

---

(1) On pourrait se demander si Nicolas Le Mercier, qui travaillait en 1584 au chœur de l'église voisine d'Ennery, ne serait pas l'architecte de

fut reconstruit à cette époque. Sur chaque face s'ouvre une grande baie cintrée à boudin continu, recoupée par deux arcades du même style et couronnée par deux têtes d'anges. Plus haut, la cage est ajourée par quatre roses elliptiques et les pignons de la bâtière (1), flanqués de deux boules à la base, sont amortis par une croix. Le niveau de la bâtière du XIIe siècle est indiqué par les débris de la corniche romane supérieure.

L'élévation extérieure du chœur comporte huit arcs-boutants modernes et des culées du XVIe siècle couronnées de gargouilles et de vases. Une coursière correspond à l'appui des fenêtres hautes, comme dans la plupart des églises gothiques de la région, mais au XIIIe siècle, ce passage traversait le contrefort où venait s'appuyer la tête des arcs-boutants, comme l'indique le ressaut du mur au droit des trumeaux des fenêtres. Au chevet, les deux larges baies en tiers-point qui s'ouvrent dans l'axe des collatéraux conservent leurs deux colonnettes, leurs chapiteaux et les moulures de leur archivolte. Il faut en conclure que les fenêtres des bas-côtés du chœur ont été maladroitement retaillées. A l'angle du croisillon nord et du chœur, on voit une culée du XVIe siècle collée contre une tourelle d'escalier à pans coupés du XIIIe siècle.

Par suite de son isolement sur le plateau de Marines, l'église de Cormeilles-en-Vexin avait échappé au classement dont elle vient d'être l'objet dans l'une des dernières séances de la Commission des Monuments historiques. Elle méritait cependant bien cet honneur, car sa nef et son transept doivent être considérés comme un des plus anciens types de l'architecture romane dans le Vexin et son chœur gothique est un modèle d'élégance et de légèreté.

(1) Ce type de toiture est rare au XVIe siècle, mais on en voit un autre exemple sur le clocher de Vic-sur-Aisne.

Église de or eilles-en- exin.

DU MÊME AUTEUR :

L'église de Fresnay-sur-Sarthe, dans le *Bulletin Monumental,* t. LXVI, 1902.

L'église abbatiale de Chaalis (Oise), dans le *Bulletin Monumental,* t. LXVI, 1902.

L'église abbatiale d'Évron (Mayenne), dans le *Bulletin Monumental,* t. LXVII, 1903.

L'architecture gothique dans la Champagne méridionale au XIIIe et au XVIe siècle, dans le *Congrès archéologique de Troyes,* 1903.

Les façades successives de la cathédrale de Chartres au XIe et au XIIe siècle, dans le *Congrès archéologique de Chartres,* 1901.

Le puits des Saints-Forts et les cryptes de la cathédrale de Chartres, dans le *Bulletin Monumental,* t. LXVII, 1903.

Nouvelle étude sur la façade et les clochers de la cathédrale de Chartres. Réponse à M. Mayeux, dans les *Mémoires de la Société archéologique d'Eure-et-Loir,* t. XIII. 1904.

Les architectes et la construction des cathédrales de Chartres, dans les *Mémoires de la Société nationale des Antiquaires de France,* t. LXIV. 1905.

Saint-Hilaire de Poitiers. Étude archéologique, dans le *Congrès archéologique de Poitiers,* 1904.

L'église de Jazeneuil (Vienne), dans le *Congrès archéologique de Poitiers,* 1904.

Jean Langlois, architecte de Saint-Urbain de Troyes, dans le *Bulletin Monumental,* t. LXVIII, 1904.

Saint-Évremond de Creil. Notice nécrologique, dans le *Bulletin Monumental,* t. LXVIII, 1904.

La cathédrale romane d'Orléans, dans le *Bulletin Monumental,* t. LXVIII, 1904. En collaboration avec M. JARRY.

Le château de Lassay (Mayenne), dans le *Bulletin Monumental,* t. LXIX, 1905. En collaboration avec M. le marquis DE BEAUCHESNE.

Le déambulatoire champenois de Saint-Martin d'Étampes, dans le *Bulletin Monumental,* t. LXIX, 1905.

Les dates de Saint-Julien de Brioude, dans le *Congrès archéologique du Puy,* 1905.

L'église de Châtel-Montagne (Allier), dans le *Bulletin Monumental,* t. LXIX, 1905.

A travers le Beauvaisis et le Valois, dans le *Congrès archéologique de Beauvais,* 1906.

Les influences normandes au XIe et au XIIe siècle dans le nord de la France, dans le *Bulletin Monumental,* t. LXX, 1906.

DU MÊME AUTEUR :

Les clochers du XIIIe et du XVIe siècle dans le Beauvaisis et le Valois, dans le *Congrès archéologique de Beauvais*, 1906.

Comment doit-on rédiger la monographie d'une église ? dans le *Bulletin Monumental*, t. LXX, 1906.

Les origines des gâbles, dans le *Bulletin Monumental*, t. LXXI, 1907.

L'abbaye du Moncel (Oise). Étude archéologique, dans le *Bulletin Monumental*, t. LXXI, 1907.

Saint-Paul de Narbonne. Étude archéologique, dans le *Congrès archéologique de Carcassonne et Perpignan*, 1907.

Le caveau central de la crypte de Saint-Denis, dans le *Bulletin Monumental*, t. LXXI, 1907.

L'église de Villeneuve-sur-Yonne, dans le *Congrès archéologique d'Avallon*, 1908.

Les caractères distinctifs des écoles gothiques de la Champagne et de la Bourgogne, dans le *Congrès archéologique d'Avallon*, 1908.

Les campagnes de construction de Notre-Dame d'Étampes, dans le *Bulletin Monumental*, t. LXXIII, 1909.

La cathédrale de Coutances, dans le *Congrès archéologique de Caen*, 1909.

Les clochers du Calvados, dans le *Congrès archéologique de Caen*, 1909.

Étude sur les ogives toriques à filet saillant, dans le *Bulletin Monumental*, t. LXXIII, 1909.

Le donjon quadrilobé d'Ambleny, dans le *Bulletin Monumental*, t. LXXIV, 1910.

L'église de La Celle-Bruère (Cher), dans le *Bulletin Monumental*, t. LXXIV, 1910.

L'église Notre-Dame du Thor, dans le *Congrès archéologique d'Avignon*, 1910.

L'église de Cerny-en-Laonnois, dans le *Bulletin Monumental*, t. LXXIV, 1910.

L'église abbatiale du Ronceray d'Angers, dans le *Congrès archéologique d'Angers et Saumur*, 1910.

L'école orthodoxe et l'archéologue moderniste, dans le *Bulletin Monumental*, t. LXXV, 1911.

BIBLIOTHÈQUE
DE FRANCE

___

FIN

Entrée

R 115106

Cde : 22293   Volts : 70   :

Date : 15.01.98   EF

Service de la reproduction
PARIS-RICHELIEU